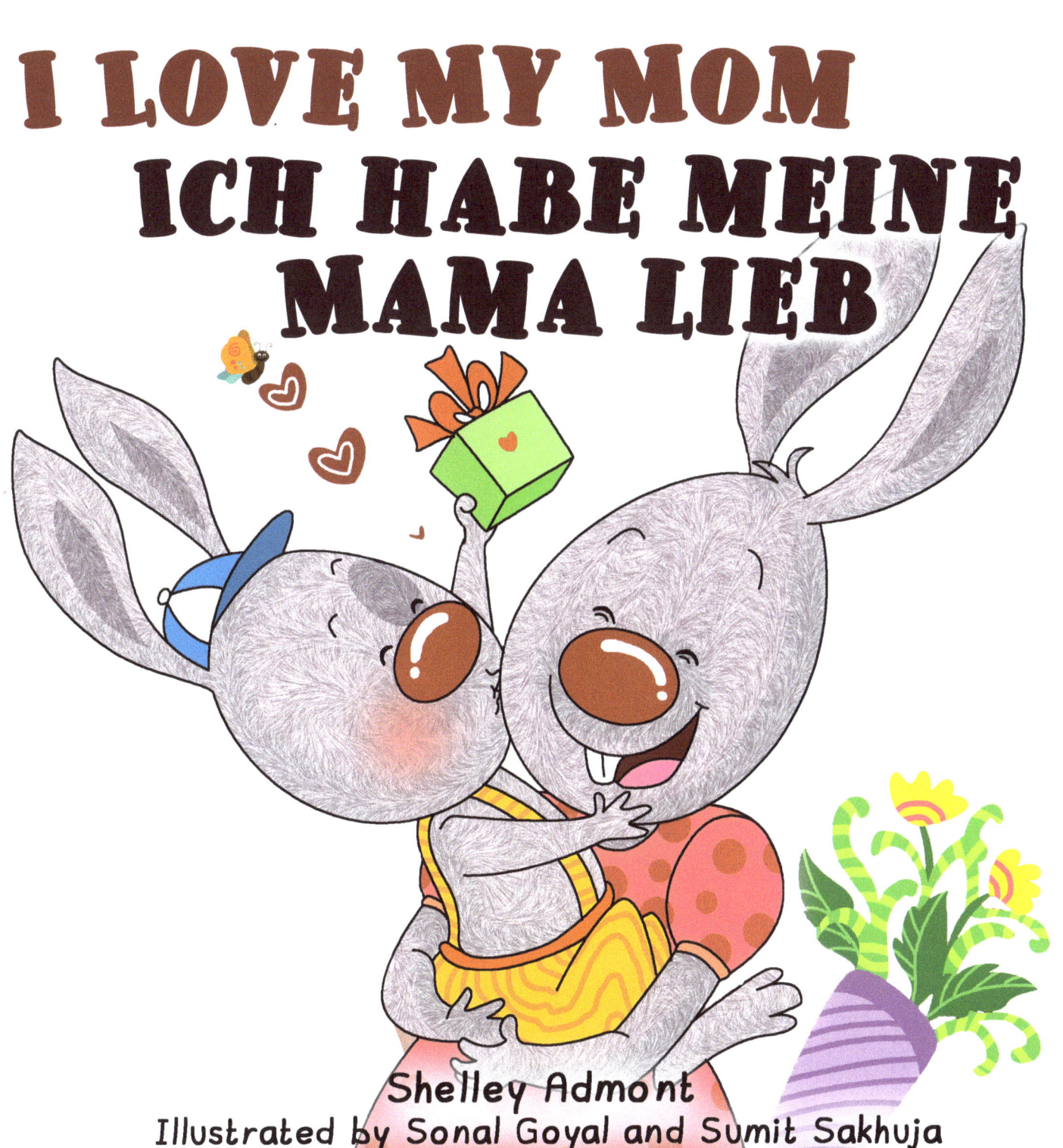

www.kidkiddos.com
Copyright©2014 by S. A. Publishing ©2017 by KidKiddos Books Ltd.
support@kidkiddos.com

All rights reserved. No part of this book may be reproduced in any form or by any electronic or mechanical means, including information storage and retrieval systems, without written permission from the publisher or author, except in the case of a reviewer, who may quote brief passages embodied in critical articles or in a review.

Alle Rechte vorbehalten. Kein Teil dieses Buches darf in irgendeiner Form oder durch irgendwelche elektronischen oder mechanischen Mitteln, einschließlich Informationen Regalbediengeräte schriftlich beim Verlag, mit Ausnahme von einem Rezensenten, kurze Passagen in einer Bewertung zitieren darf reproduziert, ohne Erlaubnis.

Second edition, 2019

Translated from English by Nicola Künkel
Aus dem Englischen übersetzt von Nicola Künkel

Library and Archives Canada Cataloguing in Publication
I love My Mom (German Bilingual Edition)/ Shelley Admont
ISBN: 978-1-5259-1325-9 paperback
ISBN: 978-1-77268-471-1 hardcover
ISBN: 978-1-77268-101-7 ebook

Please note that the German and English versions of the story have been written to be as close as possible. However, in some cases they differ in order to accommodate nuances and fluidity of each language.

For those I love the most–S.A.

Für die, die ich am meisten liebe – S.A.

Tomorrow was Mom's birthday. The little bunny Jimmy and his two older brothers were whispering in their room.

Morgen würde Mamas Geburtstag sein. Das kleine Häschen Jimmy und seine beiden älteren Brüder flüsterten in ihrem Zimmer.

"Let's think," said the oldest brother. "The present for Mom should be very special."

„Lasst uns nachdenken", antwortete der älteste Bruder. „Das Geschenk für Mama sollte etwas ganz besonderes sein."

"Jimmy, you always have good ideas," added the middle brother. "What do you think?"

„Jimmy, du hast immer so gute Ideen," fügte der mittlere Bruder hinzu. „Was meinst du?"

"Ahm…" Jimmy started thinking hard. Suddenly he exclaimed, "I can give her my favorite toy — my train!" He took the train out of the toy box and showed it to his brothers.

„Hm…" Jimmy fing an angestrengt zu überlegen. Plötzlich rief er, „Ich kann ihr mein Lieblingsspielzeug schenken – meine Eisenbahn!" Er nahm die Eisenbahn aus der Spielzeugkiste und zeigte sie seinen Brüdern.

"I don't think Mom likes trains," said the oldest brother. "We need another idea. Something that she will really like."

„Ich glaube nicht, dass Mama deine Eisenbahn haben möchte," sagte der älteste Bruder. „Uns muss etwas anderes einfallen. Es muss etwas sein, das ihr wirklich gefällt."

"We can give her a book," screamed the middle brother happily.

„Wir können ihr ein Buch schenken," rief der mittlere Bruder fröhlich.

"A book? It's a perfect gift for Mom," replied the oldest brother.

„Ein Buch? Das ist das richtige Geschenk für Mama," antwortete der älteste Bruder.

"Yes, we can give her my favorite book," said the middle brother as he approached the bookshelf.

„Ja, wir können ihr mein Lieblingsbuch schenken," sagte der mittlere Bruder und ging zum Bücherregal.

"But Mom likes mystery books," said Jimmy sadly, "and this book is for kids."

„Aber Mama mag spannende Bücher," sagte Jimmy betrübt, „und dieses Buch ist für Kinder."

"I guess you're right," agreed his middle brother. "What should we do?"

„Ich glaube, du hast recht," stimmte der mittlere Bruder zu. „Was sollen wir tun?"

The three bunny brothers were sitting and thinking quietly, until the oldest brother finally said,

Die drei Häschen-Brüder saßen nachdenklich und still, bis der älteste Bruder schließlich sagte,

"There is only one thing that I can think of. Something that we can do by ourselves, like a card."

„Es gibt nur eines, was mir einfällt. Etwas, dass wir selbst basteln können. Eine Geburtstagskarte."

"We can draw millions of millions of hearts and kisses," said the middle brother.

„Wir können ganz viele Herzen und Küsschen malen," sagte der mittlere Bruder.

"And tell Mom how much we love her," added the oldest brother.

„Und wir können Mama sagen, wie lieb wir sie haben," fügte der älteste Bruder hinzu.

They all became very excited and started to work.

Die drei Häschen wurden ganz aufgeregt und fingen an, die Geburtstagskarte zu basteln.

Three bunnies worked very hard. They cut and glued, folded and painted.

Die drei Häschen bastelten fleißig. Sie schnitten und klebten, falteten und malten.

Jimmy and his middle brother drew hearts and kisses. When they finished, they added more hearts and even more kisses.

Jimmy und sein mittlerer Bruder malten Herzen und Küsschen. Als sie mit der Geburtstagskarte fertig waren, malten sie noch mehr Herzen und noch mehr Küsschen.

Then the oldest brother wrote in large letters:
Dann schrieb der älteste Bruder in großen Buchstaben:

"Happy birthday, Mommy! We love you soooooooo much. Your kids."

„Herzlichen Glückwunsch zum Geburtstag, Mama! Wir haben dich soooooo lieb. Deine drei Häschen."

Finally, the card was ready. Jimmy smiled.

Endlich war die Geburtstagskarte fertig. Jimmy lächelte.

"I'm sure Mom will like it," he said, wiping his dirty hands on his pants.

„Ich bin mir sicher, dass es Mama gefallen wird," sagte er und wischte seine schmutzigen Hände an seiner Hose ab.

"Jimmy," screamed the oldest brother. "Don't you see your hands are covered in paint and glue?"

„Jimmy, was machst du denn?" rief der älteste Bruder. „Siehst du nicht, dass Farbe und Kleber an deinen Händen sind?"

"Oh, oh…" said Jimmy. "I didn't notice. Sorry!"

„Oh nein…" sagte Jimmy. „Das habe ich nicht gesehen. Entschuldigung!"

"Now Mom has to do laundry on her own birthday," added the oldest brother, looking at Jimmy strictly.

„Jetzt muss Mama an ihrem Geburtstag die Wäsche waschen," sagte der älteste Bruder und schaute Jimmy streng an.

"No way! I won't let this happen!" exclaimed Jimmy. "I'll wash my pants myself." He headed into the bathroom.

„Nein! Das werde ich nicht zulassen!", rief Jimmy. „Ich wasche meine Hose selbst." Er lief ins Badezimmer.

Together they washed all the paint and glue from the pants and hung them to dry.

Zusammen wuschen sie die Farbe und den Kleber aus Jimmys Hose und hingen sie zum Trocknen auf.

On the way back to their room, Jimmy gave a quick glance into living room and saw their Mom there.

Als sie zurück in ihr Zimmer gingen, schaute Jimmy kurz ins Wohnzimmer und sah dort seine Mutter.

"Look, Mom is sleeping on the couch," whispered Jimmy to his brothers.

„Schaut mal, Mama schläft auf dem Sofa," flüsterte Jimmy seinen Brüdern zu.

"I'll bring my blanket," said the older brother who ran back to their room.

„Ich bringe ihr meine Decke," sagte der ältere Bruder und rannte zurück in sein Zimmer.

Jimmy was standing and looking at his Mom sleeping. In that moment he realized what the perfect gift for their Mom should be and smiled.

Jimmy schaute seine schlafende Mutter an. Plötzlich wusste er, was das perfekte Geschenk für sie wäre.

"I have an idea!" said Jimmy when the oldest brother came back with the blanket.

„Ich habe eine Idee!" sagte Jimmy, als der älteste Bruder mit der Decke zurückkam.

He whispered something to his brothers and all three bunnies nodded their heads, smiling widely.

Er flüsterte seinen Brüdern etwas zu. Dann nickten alle drei Häschen mit den Köpfen und hatten strahlende Gesichter.

Quietly they approached the couch and covered their Mom with the blanket.

Leise gingen sie zum Sofa und bedeckten ihre Mutter mit der Decke.

Each of them kissed her gently and whispered, "We love you, Mommy." Mom opened her eyes.

Alle drei Häschen gaben ihr ein Küsschen und flüsterten, „Wir haben dich lieb, Mama."

"Oh, I love you too," she said, smiling and hugging her sons.

„Oh, ich habe euch auch ganz doll lieb", sagte sie lächelnd und umarmte ihre Söhne.

The next morning, the three bunny brothers woke up very early to prepare their surprise present for Mom.

Am nächsten morgen wachten die drei Häschen-Brüder sehr früh auf. Sie bereiteten das Überraschungsgeschenk für ihre Mutter vor.

They brushed their teeth, made their beds perfectly and checked that all the toys were in place.

Sie putzten ihre Zähne, dann machten sie ihre Betten und räumten all ihr Spielzeug ordentlich in die Spielzeugkiste.

After that, they headed to the living room to clean the dust and wash the floor.

Anschließend gingen sie ins Wohnzimmer. Sie wischten Staub und machten den Fußboden sauber.

Next, they came into the kitchen.
Als nächstes gingen sie in die Küche.

"I'll prepare Mom's favorite toasts with strawberry jam," said the oldest brother, "and you, Jimmy, can make her fresh orange juice."
„Ich mache Mamas Lieblingsfrühstück. Eine Scheibe Toast mit Erdbeermarmelade," sagte der älteste Bruder. „Und du, Jimmy, kannst ihr frischen Orangensaft einschenken."

"I'll bring some flowers from the garden," said the middle brother who went out the door.
„Ich hole Blumen aus dem Garten," sagte der mittlere Bruder und lief aus der Tür.

When breakfast was ready, the bunnies washed all the dishes and decorated the kitchen with flowers and balloons.

Als das Frühstück fertig war, wuschen die drei Häschen das Geschirr. Dann dekorierten sie die Küche mit Blumen und Luftballons.

The happy bunny brothers entered Mom and Dad's room holding the birthday card, the flowers and the fresh breakfast.

Die drei fröhlichen Häschen gingen in das Zimmer ihrer Eltern. Sie brachten die Geburtstagskarte, die Blumen und das Frühstück.

Mom was sitting on the bed. She smiled as she heard her sons singing "Happy Birthday," while they entered the room.

Die Mutter saß auf dem Bett. Sie lächelte, als ihre Söhne "Geburtstagslied" sangen, während sie das Zimmer betraten.

"We love you, Mom," they screamed all together.

„Wir haben dich lieb, Mama," riefen sie alle zusammen.

"It's my best birthday ever!" said Mom, kissing all her sons.

„Das ist mein schönster Geburtstag!" sagte die Mutter und küsste ihre Söhne.

"You haven't seen everything yet," said Jimmy with a wink to his brothers. "You should check the kitchen and the living room!"

„Du hast noch nicht alles gesehen," sagte Jimmy und zwinkerte seinen Brüdern zu. „Du solltest dir die Küche und das Wohnzimmer anschauen!"

www.ingramcontent.com/pod-product-compliance
Lightning Source LLC
LaVergne TN
LVHW072115060526
838201LV00011B/245